AF544004

Elena Khanina

Was ist Noahs Traumberuf?

Elena Khanina

Was ist Noahs Traumberuf?

Ein Buch über Selbstfindung

und die bunte Welt der Berufe

Inhaltsverzeichnis

Eine Überraschung zum Ferienstart

Ferien! Endlich Sommerferien!, dachte Noah.

„Kinder, ich möchte euch eine Hausaufgabe für die Ferien geben“, sagte Frau Odenbach, die Lehrerin der Klasse 3A.

Eine Hausaufgabe für die Ferien?

„Nein! Nein! Nein!“, riefen die Kinder und stampften mit den Füßen. „Wie unfair!“ „Es sind Ferien!“

„Ruhe, Kinder, Ruhe! Die Aufgabe wird euch gefallen. Ich möchte, dass ihr einen Aufsatz zum Thema ‚Mein Traumberuf‘ schreibt.“

Die Aufregung klang ab, denn die Aufgabe schien gar nicht so übel zu sein.

„Laura, was ist dein Traumberuf und warum?“

„Ich will Ärztin werden wie meine Mama, weil ich Menschen helfen will, gesund zu werden.“

„Was braucht man dafür, um Arzt oder Ärztin zu werden?“

„Meine Mama kann super mit Menschen umgehen. Als Ärztin muss sie immer auf dem neuesten Stand sein, was die Wissenschaft betrifft. Ich finde es toll, dass Ärztinnen immer etwas Neues lernen."
„Das klingt wunderbar! Gibt es auch etwas, das dir an dem Beruf nicht so gefällt?", fragte Frau Odenbach.
„Meine Mama hat eine eigene Praxis und kümmert sich um alles selbst. Das ist viel Arbeit. Deshalb muss sie auch am Wochenende oft arbeiten und kann manchmal nicht mitkommen, wenn Papa und ich einen Ausflug machen."
„Seht ihr? Jeder Beruf hat Vor- und Nachteile. Das möchte ich in euren Aufsätzen lesen. Alles klar?"
Dann läutete die Schulglocke und beendete das Schuljahr. Endlich frei! Noah schnappte sich seinen Ranzen und stürmte mit seinem besten Freund Robin aus dem Klassenzimmer. Draußen schien die Sonne, Vögel zwitscherten und weit in der Ferne waren die Türme des Kölner Doms zu sehen.
„Voll doof, dass wir jetzt noch einen Aufsatz schreiben müssen!", beschwerte sich Noah.

„Ja, das nervt. Aber ich weiß schon, was mein Traumberuf ist. Und du?“

„Ich hab keine Ahnung!“ Noah zuckte mit den Schultern. Wie sollte er einen Aufsatz über seinen Traumberuf schreiben, wenn er nicht einmal wusste, was sein Traumberuf war?

Tierisch beste Freunde

Am nächsten Tag saß Noah auf der Terrasse und las ein Buch, als das Telefon klingelte. Es war Robin.

„Hey Noah, wir haben jetzt zwei Wellensittiche! Sie dürfen durch das Zimmer fliegen. Das ist klasse! Coco ist so zahm, sie setzt sich auf die Hand von meiner Mama und kann sogar sprechen. Das musst du sehen!“, erzählte Robin aufgeregt.

„Oh, aber ihr habt doch einen Kater! Ist das nicht gefährlich für die Vögel?“

„Ja, Simba treibt die Armen ständig in die Flucht. Wir sind aber vorsichtig und lassen die Vögel niemals mit ihm allein.“

„Ich geb kurz meiner Mama Bescheid! Bin in zehn Minuten da! Wir können nachher noch in die Stadt gehen.“

Noah zog sein Naruto-T-Shirt, seine orangene Hose und seine blauen Sportschuhe an und band sich ein Tuch um den Kopf. Jetzt sah er aus wie der Held aus seiner Lieblingsserie.

„Süper!“, sagte seine Mama mit einem leichten französischen Akzent. „Das Stirnband passt sehr gut zu deinen braunen Haaren. Dein Outfit gefällt mir!“

Noah fühlte sich geschmeichelt. Er fand, dass seine Mama einen guten Geschmack hatte.

„Komm bitte zum Abendessen zurück“, sagte sie.

Robins Haus war nur eine Straße weiter und zu Fuß brauchte Noah keine fünf Minuten.

Robin hatte ein Stöckchen in der Hand, auf dem einer der Vögel saß. „Schau mal, ich bringe ihr das Reden bei.“ Er brachte den Vogel ganz nah zu seinem Mund. „Sag Coco, Coco, Co-co!“, kommandierte Robin.

Der Sittich schaute sehr aufmerksam auf Robins Mund, sagte aber nichts.

„Menno, bei Mama antwortet sie immer!“ Er setzte Coco zurück in den geräumigen Käfig. Sofort bezwitscherten die

Sittiche etwas miteinander in ihrer Vogelsprache. „Cooles T-Shirt! Meine Mama hat früher Figuren wie Naruto für eine japanische Zeitschrift gezeichnet, deswegen kenne ich sie alle“, sagte Robin. „Ich mache mich gleich fertig, dann können wir in die Stadt. Komm aber erst mal auf die Terrasse. Magst du eine Apfelschorle haben?“

Die Freunde setzten sich auf die Terrasse. Auf einem der Sessel schlief Simba. Er schien seit Noahs letztem Besuch noch größer geworden zu sein. Er hatte langes, rotes Fell und nahm den ganzen Sessel ein, sodass man ihn mit einem flauschigen Kissen hätte verwechseln können.

„Er macht gerade sein Nachmittagsnickerchen“, erklärte Robin. „Den ganzen Vormittag ist er wie verrückt durch die Wohnung gerannt und ist jetzt fix und fertig. Sein Jagdinstinkt lässt ihn nicht in Ruhe. Er will die Vögel unbedingt fangen.“

Der Kater hob den Kopf und öffnete seine grünen Augen: „Miau!“

Robin streichelte liebevoll über seine Ohren und kraulte seinen Bauch und Rücken.

Der Kater schnurrte zufrieden und schlief weiter.

Robin scheint Tiere sehr zu lieben, überlegte Noah. „Willst du später ein Biologe werden wie dein Papa?", fragte er.

„Nein, ich will Tiertrainer werden."

„Krass! Das hast du mir nie erzählt. Was magst du an dem Beruf?"

„Ich kann den ganzen Tag in der Nähe von Tieren sein und kann dabei Geld verdienen."

„Du wirst also Hunde trainieren, damit sie sich richtig verhalten?"

„Nicht nur Hunde, sondern auch andere Tiere. Mir gefallen auch Katzen sehr, wie du weißt. Ich will den Tieren aber nicht nur gutes Benehmen beibringen, sondern auch spezielle Fähigkeiten."

„Spezielle ... was?" Noah war verwirrt. *Hatten Tiere spezielle Fähigkeiten?*

„Hast du jemals blinde Menschen auf der Straße gesehen? Was fällt dir an ihnen auf?"

„Ach so, stimmt!" Noah wusste jetzt, was Robin meinte. „Sie werden manchmal von Hunden geführt!"

„Richtig!“, bestätigte Robin. „Solche Hunde heißen Blindenführhunde. Sie werden speziell ausgebildet, um blinde Menschen zu begleiten. So können solche Menschen selbstständig einkaufen gehen, Restaurants besuchen und sogar in Urlaub fahren.“

„Das finde ich richtig toll!“

„Es gibt auch Rettungshunde. Die helfen, vermisste Menschen zu finden. Zum Beispiel in den Bergen, wenn eine Lawine abgeht. Oder nach einem Erdbeben, wenn Menschen unter den Trümmern der Gebäude verloren gehen. Oder wenn sich jemand im Wald verirrt hat. Rettungshunde können diese Menschen finden und retten.“

„Klingt wie ein super Job! Hat der Beruf auch Nachteile?“

„Tiere können beißen und kratzen. Ist also nicht für jeden was“, antwortete Robin und grinste.

„Haben Katzen auch spezielle Fähigkeiten?“, fragte Noah.

„Ja, eine Menge. Ich will Simba zum Schauspieler ausbilden.“

„Waaas?“ Noah hatte alles erwartet, aber Schauspieler! Gab es so etwas wirklich?

„Du hast doch bestimmt schon mal Filme gesehen, in denen Tiere mitspielen, oder? Tiere werden dafür speziell ausgebildet“, erklärte Robin.
„Miau, miau!“ Es war Simba, der gerade aufgewacht war und anscheinend Hunger hatte.
„Hallo Simba! Gib mir deine Pfote!“, kommandierte Robin.
Simba legte seine Pfote in Robins Hand.
„Jetzt mach bitte das Licht in der Küche an!“
Simba bewegte sich nicht.
„Licht!“ rief Robin erneut.
Diesmal verstand Simba seinen Befehl. Er stürzte in die Küche. Dort gab es ein Seil mit einem Ring am Ende. Simba steckte beide Pfoten in den Ring und zog ihn mit aller Kraft nach unten. Das Licht ging an!
„Super!“, rief Noah. „Aus dir wird wirklich ein guter Tiertrainer!“
Robin lächelte. „Das ist nur eine Kleinigkeit. Ich bringe dem Kater noch viel mehr bei“, sagte er, während er Simba seine Leckereien gab.

„Ich muss mir auf jeden Fall Notizen machen, sonst vergesse ich alles, was du mir erzählt hast", stellte Noah fest.

Ich brauche einen Notizblock! überlegte er sich. *Darin kann ich aufschreiben, was ich über verschiedene Berufe lerne. Wenn ich so eine Übersicht habe, hilft mir das vielleicht, zu entscheiden, welcher mein Traumberuf ist.*

Ein Haus hoch über der Erde

Noah nahm sich daheim also einen Notizblock und schrieb „Mein Traumberuf“ ganz oben auf die erste Seite. Dann notierte er alles, was Robin ihm über Tiertrainer erzählt hatte. Anschließend ging er zu seiner Mama.

Mama war dabei, das Abendessen vorzubereiten. Sie trug Jeans und ein einfaches T-Shirt, wie sie es zu Hause immer tat. Im Ofen briet ein Hähnchen, und in der Salatschleuder lagen grüne Salatblätter. Mama kümmerte sich gerade um die Soße.

„Ich möchte dir ein paar Fragen stellen“, sagte Noah.

„D'accord“, sagte Mama und nickte.

Noahs Mama war Raumfahrtingenieurin. Er wollte seine Fragen an ihr ausprobieren. „Warum bist du Raumfahrtingenieurin geworden?“

Mama schaute Noah zunächst erstaunt an. Doch dann lächelte sie und antwortete: „Ach, ich fühlte mich immer zum Weltraum hingezogen! Als Kind habe ich es geliebt, den Sternenhimmel zu beobachten und von anderen Welten zu träumen. Ich war überzeugt davon, dass es irgendwo in den Tiefen des Weltalls auch andere Menschen gibt. Ich dachte, vielleicht leben sie sogar auf dem Mars oder dem Jupiter."

„Mama, wovon redest du? Es gibt keine Menschen auf dem Mars und auch nicht auf dem Jupiter! Außerirdische hat noch nie jemand gesehen. Sie existieren nur in Büchern und Filmen über die ferne Zukunft."

„Solche Science-Fiction-Bücher habe ich früher sehr gerne gelesen. In einer Geschichte flogen die Erdbewohner mit einem schnellen Raumschiff zum Jupiter. Sie landeten nicht auf dem Planeten, sondern umkreisten ihn nur mit ihrer Raumstation. Sie konnten nicht auf dem Planeten selbst landen, weil es dort keine Luft zum Atmen gibt wie auf der Erde, sondern nur ein kaltes, giftiges Gas, das sie zerdrücken würde. Die Menschen sendeten daher nur ihre

Roboter zum Jupiter, die auf dem Planeten viele Abenteuer erlebten und sogar auf Außerirdische trafen."
„Und deswegen wolltest du Raumfahrtingenieurin werden?" Noah war etwas misstrauisch.
Mama lächelte. „Weißt du, was mich in diesem Buch am meisten beeindruckt hatte?"
„Die Außerirdischen?"
„Nein, überhaupt nicht. Ich war von dem Raumschiff und der Raumstation begeistert. Es wäre traumhaft, dachte ich, wenn ich selbst auch Raumschiffe und Raumstationen bauen könnte! Das war mein Traumberuf. Seitdem wusste ich, was ich werden wollte."
Vielleicht ist Raumfahrtingenieur auch mein Traumberuf, dachte Noah. „Ist die Raumstation wie ein Raumschiff, nur etwas größer?", wollte er wissen.
„Die Raumstation kann man mit einem Haus vergleichen, in dem viele Leute wohnen und arbeiten. Sie kann auch sehr groß sein. Und das Raumschiff ist wie ein Auto, das die Leute zu diesem Haus bringt. Das Auto muss schnell und beweglich sein, aber nicht sehr groß. Die Leute werden von

vielen kleinen Autos zum Haus und wieder weg gebracht. Die ISS ist im Moment die größte Raumstation."

„Tolle Erklärung! Die Raumstation ISS ist also wie ein großes Haus. Wie konnte man dieses große Haus in den Weltraum bringen?"

„Die Raumstation besteht aus vielen Teilen, die Module heißen. Die Module wurden auf der Erde gebaut. Dann wurden sie eins nach dem anderen mit Raketen in den Weltraum gebracht und dort miteinander verkoppelt."

„Wer hat die Module verkoppelt? Astronauten?"

„Die Module sind so gebaut, dass sie sich selbst verkoppeln können. Manchmal wird aber die Hilfe der Astronautinnen und Astronauten benötigt, klar."

„Wie cool! Erzähl weiter, Mama! Wie wird ein Raumschiff oder ein Modul auf der Erde gebaut? Musstest du auch schon mal Schrauben festziehen?" Noah stellte sich vor, wie seine Mama mit einem großen Schraubenschlüssel an einem Raumschiff arbeitete.

„Nein, mein Schatz. Ich arbeite meistens am Computer. Viele Menschen aus verschiedenen Ländern arbeiten zusammen, um ein Raumschiff oder ein Modul zu bauen. Jedes Team hat seine eigene Aufgabe: Die einen bauen zum Beispiel den Motor und andere kümmern sich um die Raumanzüge. Es gibt natürlich auch Leute, die alle Teile zusammenbringen und dann auch Schrauben festziehen."

„Super! Gibt es auch etwas, was dir an deiner Arbeit nicht ganz gefällt?"

„Wir sind viel auf Dienstreisen. Ich muss oft in andere Städte und auch in andere Länder fliegen, um dort mit Kolleginnen und Kollegen zu sprechen."

„Das ist doch mega!", rief Noah. „Ich würde auch gerne viel reisen!"

„Ja, es kann schön sein", bestätigte Mama. „Nur bin ich dann oft für eine Woche oder sogar länger nicht zu Hause und kann weniger Zeit mit euch verbringen. Ich vermisse euch sehr, wenn ich woanders bin."

„Kann ich ein Raumfahrtingenieur werden? Welche Fähigkeiten muss ich dazu haben?“
„Du musst dich vor allem für Technik interessieren. Du musst sehr gut in Mathe und Physik sein. Und du musst die Raumfahrt lieben.“
Noah fand die Vorstellung toll, mit vielen Menschen aus unterschiedlichen Ländern zusammenzuarbeiten und viel zu verreisen, aber Mathe war nicht so sein Ding. Und für Technik interessierte er sich kaum. Wäre der Beruf etwas für ihn? Er musste nachdenken. „Hey, Mama, aber gibt es denn Außerirdische? Auf dem Mars oder vielleicht auf dem Jupiter?“
Mama grinste. „Vielleicht nicht dort. Aber ich bin sicher, dass in den Tiefen des Alls auch andere Wesen leben. Vielleicht treffen wir sie ja irgendwann!“

Greif nach den Sternen

Noah hörte, wie sich die Wohnungstür öffnete und jemand hereinkam.
„Ich bin wieder da!“, rief derjenige.
„Papa ist da, hurra!“, rief Noah und rannte ihm im Flur entgegen.
Papa war gerade von einer Dienstreise zurückgekehrt und rollte einen kleinen Koffer hinter sich her. Er hatte einen grauen Anzug an und trug darunter ein hellblaues Hemd und eine Krawatte.
„Hallo Noah“, sagte er lächelnd. Er zog seine Schuhe aus und stellte seinen Koffer zur Seite.
Nun kam auch Mama in den Flur und gab Papa einen Kuss.
„Schön, wieder zu Hause zu sein!“ Papa begrüßte seine Frau herzlich. „Endlich kann ich mich umziehen! Noah, gib mir doch bitte mal meine Hausschuhe!“ Er verschwand kurz

im Badezimmer und kam ein paar Minuten später in Jeans und T-Shirt wieder heraus. „Mmm, es riecht nach Hähnchen mit Estragon. Unser Lieblingsessen!“, sagte Papa, als er in die Küche kam.
Während des Abendessens erzählte Papa von seiner Dienstreise: „Das Hotel war wundervoll. Wenn ich nur nicht die ganze Zeit mit Krawatte rumlaufen müsste! Ich bin froh, dass ich heute wieder bequeme Sachen tragen kann!“ Papa klopfte sich lachend auf den Bauch und nahm sich dann eine extragroße Portion von dem Hähnchen.
Er erzählte, wie er in Hamburg einen Vortrag über das Hubble-Teleskop gehalten hatte. Ein Teleskop ist eine Art Fernrohr, mit dem man in die Sterne schauen kann. Noahs Papa war ein Astronom und arbeitete mit besonders großen Teleskopen. Die meisten davon stehen auf der Erde, aber einige, wie das Hubble-Teleskop, fliegen sogar durch den Weltraum, um weit entfernte Galaxien zu fotografieren.

Das Essen war sehr lecker. Mama und Papa tranken zum Hähnchen einen Rotwein. Zum Nachtisch servierte Mama einen köstlichen französischen Kuchen, der Flan heißt.
Nach dem Abendessen saß Papa auf der Couch und las sich einige Papiere vom Kongress noch einmal durch.
Noah entschied, dass das ein passender Moment war, um Papa ein paar Fragen zu stellen. „Papa, was ist der Unterschied zwischen einem Astronomen und einem Astronauten?"
„Astronomen beobachten Sterne von der Erde aus, Astronauten fliegen zu den Sternen."
„Warum bist du Astronom geworden?", fragte Noah und zückte seinen Notizblock.
„Ich habe es schon immer sehr gemocht, den Sternenhimmel zu beobachten. Erst mit dem bloßen Auge und später mit dem Fernrohr. Als ich noch ein Kind war, habe ich jeden Abend den Jupiter und den Polarstern am Sternenhimmel gesucht, denn sie sind sehr hell und deswegen leicht zu finden. Ich habe viele Bücher über den Mond, die Planeten, über Asteroiden und Kometen gelesen.

Ich war absolut fasziniert davon. Später studierte ich Astronomie. Ich liebe meinen Beruf!"

„Was magst du so sehr an deinem Beruf?"

„Ich bin vor Freude ganz aus dem Häuschen, wenn wir etwas Neues im Weltraum entdecken – zum Beispiel einen neuen Asteroiden oder einen neuen Planeten. Mit dem Hubble-Teleskop haben wir auch viel Neues über den Jupitermond Europa gelernt."

„Jupitermond Europa? Davon habe ich nie etwas gehört", gab Noah zu.

„Wie du weißt, hat unser Planet Erde nur einen Mond. Der Planet Jupiter hat aber mehrere Monde. Europa ist einer davon. Europa ist mit einer dicken Eisschicht bedeckt. Die Eiskruste ist ungefähr einen Kilometer dick. Kannst du dir das vorstellen?"

„Wow! So dick!", staunte Noah.

„Das Hubble-Teleskop hat auf diesem Mond Wasserdampf entdeckt. Das bedeutet, dass unter der Eisschicht ein ganzer Ozean liegen könnte. Vielleicht gibt es dort sogar Leben!"

„Können dort Menschen wie wir leben?“, fragte Noah. Er war vollkommen verblüfft. „Könnte es dort Jupitermenschen geben?“

„Damit rechnen die Astronomen nicht. Noch nicht. Es gibt keine Hinweise darauf. Dort könnten aber Bakterien oder andere Organismen leben. Ich hoffe, dass wir es bald erfahren werden.“

„Du hast einen wirklich sehr spannenden Beruf! Gibt es etwas, was dir an deiner Arbeit weniger gefällt?“, wollte Noah wissen. Er musste in seinem Aufsatz schließlich nicht nur die Vorteile, sondern auch die Nachteile beschreiben.

„Hmm ... schwer zu sagen. Ich sehe keine Nachteile an meiner Arbeit. Na ja, einen Nachteil kann ich doch nennen: Astronomen müssen unzählige Messungen machen und diese Messungen dann untersuchen. Wir müssen also sehr geduldig sein, da es sehr lange dauert, bis wir endlich ein Ergebnis bekommen.“

„Danke, Papa! Eine Frage habe ich noch: Wer kann Astronom werden? Was muss man können? Wofür muss man sich interessieren?“

„Wenn man sich zum Sternenhimmel hingezogen fühlt, ist Astronom oder Astronomin ein Traumberuf. Du musst aber sehr gut in Mathe und Physik sein!"

Mist! Wieder Mathe! Das ist dann wohl doch nichts für mich, dachte Noah.

Da kam Noahs ältere Schwester Anna nach Hause. „Hallo Leute! Es tut mir leid, dass ich es nicht zum Abendessen geschafft habe! Schön, dass du wieder da bist, Papa!", sagte sie und setzte sich neben ihm auf das Sofa. Noah gefiel ihr neues Harry-Potter-T-Shirt mit einem großen Raben auf einem hellgrauen Hintergrund sehr. „Was macht ihr denn gerade?", fragte sie. Nachdem ihr Noah erzählt hatte, was los war, rollte sie mit den Augen. „Ah, solche Aufsätze habe ich schon öfter geschrieben. Nimm diese Aufgabe nicht zu ernst, schreib einfach über irgendeinen Beruf. In der vierten Klasse habe ich geschrieben, dass ich Lehrerin werden möchte, in der fünften Klasse wollte ich Designerin werden und jetzt möchte ich Tänzerin werden."

„Was?" Papa regte sich auf und fiel fast von der Couch. „Ich dachte, das wäre nur ein Hobby für dich!"

„Papa, es macht mir viel Spaß zu tanzen und ich will das auch beruflich machen!“, protestierte Anna.

„Du hast mich falsch verstanden.“ Papa seufzte. „Ich finde den Beruf sehr passend für dich. Nur machst du meiner Meinung nach zu wenig dafür. Deswegen dachte ich, dass es nur ein Hobby für dich ist.“

„Ich weiß, dass ich mehr üben muss. Deshalb habe ich einen Tanzkurs gesucht, um neue Tanzschritte zu lernen und ich möchte damit sofort anfangen.“

„Sehr gut! Warum nicht?“, stimmte Papa zu.

Anna drehte eine Pirouette, sodass ihre langen blonden Locken um ihren Kopf wirbelten und legte ein Blatt Papier auf den Tisch.

„Was ist das?“, fragte Papa.

„Die Anmeldung für den Tanzkurs!“

„Okay, alles klar! Ich finde es großartig, dass du etwas Neues lernen willst“, sagte Papa und unterschrieb die Anmeldung.

Wow, meine Schwester kennt schon ihren Traumberuf!, staunte Noah. „Was findest du so toll an diesem Beruf?“, wollte er wissen.

„Wenn ich Tänzerin bin, kann ich mit echten Stars auf Welttournee gehen. Später, wenn ich älter werde, kann ich eine Tanzschule eröffnen“, erklärte Anna.

„Gibt es etwas, was dir an diesem Beruf nicht gefällt?“

„Ich weiß es noch nicht“, antwortete seine Schwester.

„Es gibt sehr viele gute Tänzer und Tänzerinnen, aber nicht alle werden berühmt. In diesem Beruf wirklich Erfolg zu haben, ist schwierig“, sagte Mama, die die ganze Szene lächelnd beobachtet hatte.

Noah machte einen neuen Eintrag in seinem Notizblock. Leider musste er feststellen, dass er mit seinem Aufsatz immer noch nicht weitergekommen war.

Ein Star auf dem Rasen

Die nächsten zwei Wochen verbrachte Noah mit der Familie an der Nordsee und besuchte danach seine Großmutter in Heidelberg, der Heimat von Papa. Es war auch superschön, seinen Cousin und seine Cousine dort zu treffen! Noah hatte viel Spaß in dieser Zeit, machte sich aber nur wenige Gedanken über seinen Aufsatz. Als er wieder nach Hause kam, blieben nur noch zehn Tage bis zum Schulanfang.

Noah ging nach draußen. Vor seinem Haus gab es einen großen Fußballplatz. Die Kinder von seiner Schule spielten dort oft Fußball. Diesmal sah Noah seine Freunde Max und Kojo auf dem Platz. Noah war mit ihnen befreundet, seit sie noch im Kindergarten waren, und jetzt waren sie in derselben Klasse.

„Hallo Noah! Komm und spiel mit uns!“, riefen sie.

Noah fand, dass es viel zu heiß war, um einem Ball hinterherzurennen, und stellte sich deshalb ins Tor.
Bald war er vom Spiel gefesselt und warf sich wie ein Profitorwart auf den Boden, mal links, mal rechts, um den Ball zu fangen. Sein weißes T-Shirt war total verschwitzt und von grünen Grasflecken übersät.
Nachdem das Spiel vorbei war, saßen die Jungs auf dem Rasen.
„Wie läuft es eigentlich mit dem Aufsatz, Leute?“, fragte Noah.
„Mit welchem Aufsatz?“ Es stellte sich heraus, dass sie über die Ferien die Hausaufgabe vergessen und sich überhaupt keine Gedanken darüber gemacht hatten, was ihre Traumberufe waren.
„Ist doch einfach. Ich glaube, ich werde einfach schreiben, dass ich Profi-Fußballer werden will“, sagte Kojo. „Ich will einmal zur deutschen Nationalmannschaft gehören, für Deutschland spielen und Weltmeister werden. Das ist mein Traumberuf!“

„Das wäre cool! Aber es ist doch superschwer, in die Mannschaft zu kommen“, stellte Noah fest.
„Ja, ich weiß!“, sagte Kojo. „Und Fußballer verletzen sich oft, das weiß ich auch und das ist okay für mich.“ Kojo ging zur Seite und begann, mit dem Ball zu üben. Er kickte den Ball mit dem Fuß zum Oberschenkel, dann zum Kopf und wieder zurück zum Fuß. Er machte das ein paar Mal hintereinander, ohne dass der Ball dabei in Kontakt mit dem Boden kam.
Kojo beherrscht den Ball sehr gut, dachte Noah. *Vielleicht wird er tatsächlich ein Profi-Fußballer.*
„Ich habe auch kein Problem mit dem Aufsatz", sagte Max. „Mein Traumberuf ist es, beim Fernsehen zu arbeiten wie mein Papa.“
„Was genau macht dein Papa beim Fernsehen?“, fragte Noah.
„Mein Papa ist ein Kameramann, er filmt die Nachrichten und ist auch bei vielen bekannten Unterhaltungssendungen dabei. Ich finde die Arbeit beim Fernsehen total cool.“
„Du willst also auch Kameramann werden?“

Max schien ein bisschen verlegen zu werden. „Ich habe es noch niemandem gesagt, da ich Angst habe, dass die anderen über mich lachen werden. Ich will ein TV-Moderator werden und vor der Kamera stehen. Das ist mein Traumberuf."
Noah war beeindruckt. „Dann wirst du ja berühmt!" Er dachte, dass bestimmt viele Menschen, wie Kojo und Max, berühmt werden wollten. Er selbst war aber nicht so sehr daran interessiert. *Komisch*, dachte er. *Alle, mit denen ich bisher gesprochen habe, hatten ihre eigenen Traumberufe. Es gibt keinen Beruf, der für alle ein Traumberuf ist.* Dann sagte er zu Max: „Ich verstehe: Du willst durch das Fernsehen vor einem großem Publikum stehen. Es ist ein bisschen wie beim Profi-Fußballer: eine große Herausforderung! Aber wenn es jemand schafft, dann du!"
„Danke! Ich weiß, TV-Moderator kann auch ein harter und stressiger Job sein. Man muss viel mit dem Publikum sprechen, immer konzentriert und freundlich sein," sagte Max. „Ich feiere übrigens am Samstag meinen Geburtstag. Kommst du auch?"

Eine Begegnung im Buchladen

Noah ging in die Buchhandlung, um Max zu seinem Geburtstag das neueste Buch aus dessen Lieblingsreihe zu besorgen.

Der Buchladen befand sich gleich um die Ecke, in einem schönen Altbau mit Engelsfiguren an der Decke. Eine Marmortreppe führte in die Kinder- und Jugendbuch-abteilung im ersten Stock. Noah liebte diesen Laden! Er war farbenfroh dekoriert, die Bücher wirkten geheimnisvoll und man war umgeben von unzähligen wundervollen Geschichten. Noah verbrachte dort viel Zeit, manchmal ganze Nachmittage. Er nahm sich dann immer einige Bücher, setzte sich auf den Boden und las.

An diesem Tag war der Laden rappelvoll. Viele Menschen, die meisten von ihnen Kinder, saßen auf Stühlen oder einfach auf dem Fußboden und hörten einem Mann zu, der aus einem Buch über Pinguine vorlas und dazu Bilder auf einer Leinwand zeigte.

Eine Mitarbeiterin des Geschäfts kam auf Noah zu und sprach ganz leise zu ihm: „Hier läuft momentan eine Lesung. Wenn du möchtest, kannst du bleiben."

Natürlich wollte Noah bleiben! Er setzte sich auf den Fußboden und vergaß für die nächste Stunde die Zeit und auch, warum er überhaupt dorthin gekommen war.

In der Geschichte des Autors schwammen die Pinguine durch das eisige Meer und watschelten durch Schneestürme. Sie besuchten ferne Länder, trafen auf verschiedene Tiere und auch auf Menschen.

Noah spürte, wie sein Herz kräftig in seiner Brust klopfte. Er war sehr aufgeregt. *Schriftsteller. Könnte das mein Traumberuf sein?*

Als die Lesung zu Ende war, beantwortete der Autor Fragen der Zuhörenden.

Noah meldete sich: „Warum sind Sie Schriftsteller geworden? Und wie ist es eigentlich, ein Schriftsteller zu sein?"

„Ich habe, seit ich ein Kind war, davon geträumt, Bücher zu schreiben“, sagte der Autor. „Ich habe sehr gerne kurze Geschichten in der Schule geschrieben und sie meinen Klassenkameraden vorgelesen. Nach der Schule habe ich deutsche Sprache und Literatur studiert und habe danach als Lehrer in einer Schule gearbeitet. Aber der Wunsch, ein eigenes Buch zu schreiben, wuchs in mir. Eines Tages habe ich ihn in die Realität umgesetzt. Ich kann dir sagen, es war sehr viel Arbeit. Ich verbrachte meine ganze freie Zeit vor dem Bildschirm. Oft habe ich mehrere Seiten geschrieben und dann ganz oder teilweise wieder gelöscht, um einen besseren Text zu schreiben. Ich habe mehr als ein Jahr gebraucht, um fertig zu werden. Es war für mich ein besonderer Moment, als ich mein eigenes Buch in den Händen hielt. Und jetzt gehe ich auf Leserinnen und Leser zu, um ihnen mein Buch vorzustellen. Ich liebe das alles. Es ist wahrhaftig mein Traumberuf.“

Noah fragte sich, ob er nicht auch Bücher schreiben könnte. Das war etwas, was ihn schon immer faszinierte. Frau Odenbach sagte, er sei gut im Schreiben von Aufsätzen.

Und er machte es sehr gerne. Nur wusste er noch nicht, ob er es wirklich schaffen könnte, Schriftsteller zu werden. Er hatte immer gedacht, dass Schriftsteller ein besonderes Talent brauchen. Er musste darüber nachdenken.

Ein süßer Traumberuf

Max wohnte ganz in der Nähe von Noah, in einem alten, mehrstöckigen Haus, im obersten Stockwerk. Man musste eine steile Holztreppe hinaufsteigen, um dort hinzukommen. Bei jedem Schritt knarrten die Stufen, und das Licht im Treppenhaus ging manchmal aus und musste neu eingeschaltet werden. Max wohnte in einer schönen Wohnung mit einer riesigen Dachterrasse. Wenn man auf der Terrasse stand, hatte man einen fantastischen Ausblick und konnte die Spitzen des Kölner Doms sehen.

Auf Max' Geburtstagsparty waren außer Noah auch andere Jungs aus ihrer Klasse. Sie saßen alle auf der Terrasse, aßen eine große Schokoladentorte und tranken Limonade. Das Besondere an dieser Torte war, dass sie mit Eis gefüllt war! Und zwar mit Noahs Lieblingssorte: mega-schokoladigem Schokoeis! Unglaublich!

Wie war das Eis nur in die Torte hineingekommen?, wunderte sich Noah. *Die Torte wurde doch im Ofen gebacken!* „Wieso ist das Eis nicht geschmolzen?“, fragte er.
„Meine Mama ist eine Konditorin, also eine Kuchenbäckerin. Sie hat die Torte gebacken und ich habe ihr geholfen. Ich kenne das Geheimnis, wie das Eis in die Torte kommt, darf es aber niemandem verraten“, erklärte Max.
Wow! Konditor muss ein toller Beruf sein!, dachte Noah.
„Konditoren backen wunderbare Torten und auch verschiedene Kuchen, Plätzchen und andere süße Leckereien, aber kein Brot“, sagte Max' Mama.
„Gibt es auch Nachteile in diesem Beruf?“, wollte Noah wissen.
„Ich muss jeden Tag sehr früh bei der Arbeit sein, da die Torten schon am Morgen frisch gebacken werden müssen.“
Nachdem die Jungs die Torte gegessen hatten, gingen sie in Max' Zimmer, um mit seinen Geschenken zu spielen.
„Vielleicht werde ich auch Kuchenbäcker“, sagte Max. „Es macht mir Spaß, mit Mama zusammen verschiedene Torten zu backen. Viele Konditoren haben Geheimrezepte und das

finde ich total aufregend! Oft werden diese von Generation zu Generation weitergegeben. Für die Torte, die wir heute gegessen haben, hat meine Mama auch ein altes Rezept verwendet."

„Und was ist mit dem Fernsehen? Willst du da nicht mehr arbeiten?", fragte Noah.

„Ich kann die zwei Dinge kombinieren. Ich hätte supergern meine eigene Koch- und Backshow. Aber natürlich werde ich dabei keine Familiengeheimnisse verraten!"

Über den Wolken

Am nächsten Morgen klingelte der Wecker schon um sechs Uhr früh.
Oh, nicht jetzt!, dachte Noah. So früh wollte er nicht aufstehen. Doch sein nächster Gedanke war ein ganz anderer: *Heute ist Sonntag! Heute fahren Papa und ich mit dem Heißluftballon! Endlich!*
Noah sprang aus dem Bett, machte sich fertig und stürmte dann in die Küche, um schnell ein halbes Brötchen zu essen und ein Glas Orangensaft zu trinken. In der Küche roch es nach frisch gebrühtem Kaffee und Toastbrot. Auf dem Tisch sah Noah Müsli, Milch, Käse, Wurst, Croissants und Brötchen. Papa saß am Tisch und frühstückte bereits.
„Du solltest etwas mehr essen", sagte Mama, als Noah ein halbes Brötchen hinuntergeschlungen hatte und wieder

aufsprang. „Das ganze Abenteuer wird mehrere Stunden dauern, am Ende wirst du sehr hungrig sein.“

Das Abenteuer! Noah konnte es kaum erwarten.

„Ich bin schon satt!“, rief er und lief nach draußen.

Draußen war es ziemlich frisch. Noah hatte seine Fleecejacke für alle Fälle mitgenommen. Sein Papa fuhr mit ihm zum Startplatz des Heißluftballons. Die anderen Fahrgäste warteten bereits dort. Insgesamt waren sie sechs Personen. Noah war das einzige Kind.

Ein Mann kam der Gruppe entgegen. „Ich bin Stephan, Ihr Pilot“, stellte er sich vor. „Als Erstes müssen wir all die einzelnen Teile des Heißluftballons zusammensetzen“, sagte er.

Noah sah den großen Korb, in welchen er und alle anderen bald einsteigen sollten. Daneben lagen unterschiedliche Einzelteile des Ballons. Die Ballonhülle war noch in einem großen Sack verpackt.

„Noah, halte bitte diesen Schraubenschlüssel fest. Und gib ihn mir, wenn ich dich darum bitte“, sagte Stephan.

Noah war sehr stolz darauf, dass er auch eine Aufgabe erhielt.
Die Ballonhülle wurde aus dem Sack geholt. Sie war riesengroß. Stephan sagte, jetzt brauche er alle Fahrgäste, auch Noah, um sie zu entfalten.
Endlich war der Heißluftballon fertig und alle Fahrgäste befanden sich im Korb. Stephan hatte Kopfhörer auf und sprach per Funk mit seinen Kollegen, die am Boden blieben.
Oben sah Noah eine Flamme brennen.
„Die Luft im Heißluftballon wird durch die Flamme erwärmt und die warme Luft wird dann den Ballon aufsteigen lassen", sagte Papa.
„Hä? Wieso denn?", wunderte sich Noah laut.
„Warme Luft steigt immer nach oben. Deshalb kommt Rauch auch oben aus dem Dach aus dem Schornstein. Denn der Rauch aus einem Kaminofen ist auch warm."
„Wir alle zusammen sind aber sehr schwer! Und der Korb und all die anderen Sachen auch. Wie kann die Luft das alles hochheben?"

„Deswegen ist die Ballonhülle so riesengroß. Man braucht sehr viel warme Luft, um uns alle und auch den Korb hochzuziehen."
„Hmm ... die Flamme brennt schon. Warum sind wir noch unten?"
„Die Luft im Ballon ist noch nicht ausreichend erwärmt. Wenn die Luft warm genug ist, fliegt er!", sagte Papa und in diesem Moment fiel Noah fast um, da der Ballon begann, sich zu bewegen.
Der Heißluftballon stieg schnell nach oben. Der Boden entfernte sich, Häuser und Autos wurden immer kleiner, die Aussicht immer schöner. Noah sah in der Ferne den Kölner Dom und die Brücken über den Rhein.
„Es ist so cool, mit dem Ballon zu fliegen!", rief Noah begeistert.
„Das stimmt. Aber eigentlich müsste es heißen: Es ist so cool, mit dem Ballon zu fahren! Wir sind nämlich Ballonfahrer und keine Ballonflieger", erklärte Stephan und lachte.

Er stand in der Mitte des Ballons und war die ganze Zeit mit verschiedenen Geräten beschäftigt. Er sprach oft per Funk mit seinen Leuten am Boden.

„Was findest du an deinem Beruf besonders toll?“, fragte Noah.

„Ich liebe es einfach, auf die Welt hinunterzuschauen. Ich fühle mich frei. Und ich mache meine Passagiere glücklich. Für mich ist das der Traumberuf.“

„Gibt es Nachteile in diesem Beruf?“

„Wir arbeiten oft an Feiertagen und am Wochenende. Meine Familie vermisst mich an solchen Tagen natürlich.“

„Muss ich sehr gut in Mathe sein, um Ballonfahrer zu werden?“

„Du musst vor allem verantwortungsbewusst und zuverlässig sein. In Mathe musst du nicht unbedingt sehr gut sein, das ist nicht so wichtig.“

So ein hammer Beruf, dachte Noah. *Das alles muss ich auf jeden Fall in meinem Notizblock notieren.*

Nach einer guten Stunde erreichten sie eine große Wiese.

„Halten Sie sich fest! Ich werde jetzt den Ballon landen“, kommandierte Stephan. Der Korb hüpfte einige Male auf dem Gras herum, der Ballon zog den Korb noch eine Weile weiter und endlich stand der Heißluftballon still.
Die Passagiere jubelten und applaudierten. Danach nahmen sie zusammen mit Stephan alle Teile des Ballons wieder auseinander und räumten sie auf.
Nach dem Flug saßen Noah und Papa in einem Park und tranken Limonade.
Eine junge Frau kam auf sie zu. „Ich arbeite für die Zeitung ‚Kölner Stadt-Anzeiger‘“, stellte sie sich vor. „Ich möchte Ihnen ein paar Fragen stellen, wenn Sie es erlauben.“
„Entschuldigung, wir haben keine Zeit!“, erwiderte Papa.
„Doch, ich will! Bitte stellen Sie mir Ihre Fragen, ich werde sie sehr gerne beantworten!“, rief Noah und stand auf.
Die Frau lächelte und begann mit dem Interview. Sie stellte Noah viele Fragen zur Fahrt mit dem Heißluftballon. Auch fragte sie Noah, wer er war, wofür er sich am meisten interessierte, welche Bücher er liebte, welche Hobbys er

hatte. Dann fragte sie: „Hast du dir schon Gedanken dazu gemacht, was du später werden willst?“

Noah erzählte der Frau über alles, was er in der letzten Zeit erfahren und recherchiert hatte.

„Ein sehr interessantes Projekt“, meinte sie.

Noah wusste nur noch nicht, wie er sein Projekt abschließen sollte. Schließlich wusste er immer noch nicht, was sein Traumberuf war. Er hatte aber eine Frage, die er unbedingt klären wollte: „Was sind Sie von Beruf?“, fragte er die junge Frau.

„Journalistin“, antwortete sie.

Aber natürlich!, dachte Noah. *Journalisten sammeln Informationen, interviewen Menschen und schreiben dann Artikel. Ist das nicht das, was ich im Moment mache?*

Noah schreibt seinen Aufsatz

Noah saß am Tisch und starrte auf seinen Notizblock. Er war voll mit seinen Notizen. Noah las sie alle und überlegte sich, welchen Beruf er als Traumberuf auswählen sollte.

Über welchen Beruf soll ich nur meinen Aufsatz schreiben?, dachte Noah. *Ich kann immer noch nicht sagen, welcher Beruf mein Traumberuf ist.*

Er dachte an den Beruf Journalist. Der Beruf klang sehr interessant. Journalisten befinden sich immer dort, wo etwas Wichtiges passiert. Sie decken interessante Vorfälle überall auf der Welt auf und manchmal riskieren sie sogar ihr Leben. Journalisten treten oft im Fernsehen auf und geben den Zuschauern einen Überblick darüber, was sie herausgefunden hatten.

Ich weiß nicht, ob ich Journalist werden will. Aber es klingt wie ein spannender Beruf, dachte er.

Auf einmal kam Noah eine Idee. Er wusste plötzlich, was er schreiben würde.

Und so machte Noah es: Er gab in seinem Aufsatz einen Überblick über alles, was er gelernt hatte. Er schrieb über alle Berufe, die er in den Ferien zusammengetragen hatte und gab zu, dass er noch nicht wusste, welcher davon am besten zu ihm passte.

Er wird darüber nachdenken.

Und was denkst du?

Was ist Noahs Traumberuf?

Und was ist deiner?

Danksagung

Ein großer Dank gilt meiner Familie: meinem Mann Vladimir und meinen Kindern Anastasia und Alexander. Ihr habt mich bei der Entstehung dieses Buches in jeder Hinsicht stark unterstützt und motiviert.
Ein riesengroßer Dank geht an meine Schwiegermutter Asya S. Khanina. Sie hat uns das schöne Bild „Noahs Zimmer“ (Doppelseite 60-61) geschenkt.
Ich möchte mich sehr bei der Familie Grabowsky und ihrer Tochter Mira bedanken: Ihr wart die Ersten, die das Buch gelesen haben. Vielen Dank, liebe Mira, für Deine Rückmeldung zum Buch! Du hast mir sehr geholfen, an manchen Stellen die richtige Wortwahl zu finden.
Ein großer Dank geht an die Illustratorin Larissa Gurido, eine Künstlerin aus der Ukraine. Ohne Deine wundervollen Aquarellbilder wäre das Buch nur halb so schön geworden. Ich bewundere Deine großartige Arbeit.

Vielen Dank, Katharina Platz, für das wunderbare Lektorat! Du hast mir sehr geholfen, das Buch kindgerecht zu gestalten. Deine Hinweise und Vorschläge waren von großer Bedeutung. Dank Dir wurde mein Text flüssiger, bunter und spannender.
Ich danke Nina Biesenbach sehr für das sorgfältige Korrektorat. Mit Deiner Hilfe konnte ich sowohl die grammatischen als auch die logischen Fehler im Text beseitigen. Deine professionelle Arbeit verlieh dem Buch den letzten Schliff.
Ein großer Dank geht an alle meine Freunde und Verwandten, die mich beim Schreiben des Buches angefeuert haben und mir dadurch viel Motivation gaben.

Autorin Elena Khanina

Elena Khanina wurde in Russland geboren. Sie lebt und arbeitet in Deutschland seit fast 30 Jahren. Seit sie ein Kind war, wollte sie Bücher schreiben. Als sie noch klein war, erfand sie oft kurze Geschichten in ihrem Kopf und erzählte sie ihren Freundinnen und Freunden. In der Schule war sie für ihre phantasievollen Aufsätze bekannt und gewann oft den Schreibwettbewerb. Sie wählte aber das Schicksal einer Raumfahrtingenieurin, da sie von der Raumfahrt fasziniert war. Sie studierte Raumfahrttechnik und arbeitete anschließend in diesem Bereich. Nach ihrer Pensionierung im Jahr 2019 konnte Elena Khanina ihr Traum, Autorin zu werden, verwirklichen. In ihren Büchern motiviert sie Kinder und Erwachsene dazu, über den Tellerrand zu schauen, zu träumen und ihren Träumen treu zu bleiben.

Impressum

ISBN 978-3-9822689-6-5
Titel: **Was ist Noahs Traumberuf?**
Autorin: **Elena Khanina**
Herausgeber: Verlag Yalden, Gereonswall 17, 50668 Köln
Webseite des Verlags: www.verlag-yalden.de
Illustrationen und Coverdesign: Larissa Gurido, larissaart, www.fiverr.de
Das Bild auf der Doppelseite 60-61 („Noahs Zimmer", 2003): Asya S. Khanina, Familienarchiv Khanina/Khanin.
Lektorat: Katharina Platz, www.textgenau.com
Korrektorat: Nina Biesenbach, www.kleinkarismus.de

1. originale Ausgabe 2023

Druck und Bindung: Print Group SP.ZO.O, Szczecin, Polen
Printed in Europe

Bibliografische Information der Deutschen Nationalbibliothek:
Die Deutsche Nationalbibliothek verzeichnet diese Publikation in der Deutschen Nationalbibliografie. Detaillierte bibliografische Daten sind im Internet über http://dnb.dnb.de abrufbar.